はじめに

この本は、ふしぎな世界にあらわれた
オカシーズの中でも
大人気のアイドルグループとして
世界中で愛されている、
たべっ子どうぶつのなかまたちといっしょに
なぞなぞにちょうせんできる本だよ。

たべっ子どうぶつたちが
大活やくするえい画
「たべっ子どうぶつ THE MOVIE」の
なぞなぞや、みんなも知っているどうぶつ、
おいしいおかしをテーマにした
おもしろくってちょっと
おかしななぞなぞが全部で222問！

ひとりで問題にちょうせんするだけでなく、
お友だちや家族といっしょになぞなぞを
出し合ってももり上がるかも!?

さあ、楽しくておかしななぞなぞに
みんなでチャレンジしてみよう！

もくじ

はじめに ……………………………… 2

● たべっ子どうぶつなぞなぞ …… 5

● たべっ子どうぶつ
　THE MOVIEなぞなぞ ……… 25

● どうぶつなぞなぞ ……………… 43

● 食べものなぞなぞ ……………… 63

たべっ子どうぶつ なぞなぞ

世界中(せかいじゅう)をねっきょうさせる
人気(にんき)アイドルグループ、
「たべっ子(こ)どうぶつ」のなぞなぞに
ちょうせんしよう！

らいおんくん

たべっ子どうぶつのリーダー！ なかまをひっぱっていく気持ちが強いあまり、たまに他のメンバーからかんちがいされてしまうこともあるけど、えがおを大事にするやさしい心の持ち主だよ。

なぞなぞ 1
110回も「おう！」と声をかけてくるどうぶつってなーんだ？

なぞなぞ 2
ライオンのせ番号はどれかな？
14番、15番、16番

お助けヒント
ライオンは「しし」ともよばれているよ

なぞなぞ 3
王様がカンを
はたらかせる時に、
かぶるものって
なーんだ？

なぞなぞ 4
えい画館のかべに、いっぱいついている
「スター」ってなーんだ？

なぞなぞ 5
やさしい人が
持っている、
重たいぶきって
なーんだ？

答えは次のページ！

ぞうくん

いつもれいせいで、なかまたちをかげからささえるみんなのたよれるそんざい。作せんを考えるなど、頭を使うことがとく意だよ。らいおんくんとは昔からのなかよしなんだ！

なぞなぞ 6 ぞうが持っている、金色のおそうじ道具ってなーんだ？

なぞなぞ 7 体の中で、休まずにずっと動いている「ぞう」ってなーんだ？

お助けヒント
体の中で「ドクン、ドクン」と動いているよ

6ページの答え

なぞなぞ 1 ライオン
百じゅう（110）の王（「おう！」）だから

なぞなぞ 2 16番
4×4=16（しし、16）

なぞなぞ 8
本は本でも、声が大きくなる「ホン」ってなーんだ？

なぞなぞ 9
「ままままんが」って、どんな本かな？

なぞなぞ 10
お正月に、ぞうが2回食べるものってなーんだ？

7ページの答え

なぞなぞ 3 王かん
王・カン

なぞなぞ 4 ポスター
ポ・スター

なぞなぞ 5 ヤリ
重いヤリ＝思いやり

ぺがさすちゃん

たべっ子どうぶつのグループにさいごに入った、期待の新メンバー！ 歌が上手で人気者だよ。空を自由にとび回ることができる、みんなのあこがれのそんざい。

なぞなぞ 11
ペガサスが空にぷらっと遊びに行くのは、何を食べた時かな？

なぞなぞ 12
つばさにぼうを1本足したら、どんなお花になったかな？

なぞなぞ 6　ぞうきん
ぞう・金

なぞなぞ 7　心ぞう
心・ぞう

なぞなぞ 13

「羽の願い」と書かれた紙があるよ。何色かな？

なぞなぞ 14

ペガサスみたいに、ハリネズミがとんでいったのはなんでかな？

お助けヒント

とぶためにひつようなものはなにかな？

なぞなぞ 15

ペガサスが空から下の世界を見下ろしたら、お医者さんがいたよ。どんなお医者さんかな？

9ページの答え

なぞなぞ 8　ナガホン　メガ・ホン

なぞなぞ 9　4コマまんが　4こ「ま」・まんが

なぞなぞ 10　ぞうに　ぞう・2（に）

かばちゃん

ここぞとばかりに一発ギャグを仕掛けてくる、たべっ子どうぶつのムードメーカーてきなそんざい。だれに対しても愛じょうたっぷりで、いざという時はその大きな体をゆらしてだれよりも早くかけつけてくれるよ！

なぞなぞ 16
「ん」を2こつけたら、お店の目じるしになるどうぶつってなーんだ？

なぞなぞ 17
大きな森でごはんをよそってもらったら、りょうはどれぐらいだったかな？

10ページの答え

なぞなぞ 11 天ぷら
天・ぷらっ

なぞなぞ 12 つばき
「さ」にぼうを1本足したら「き」

なぞなぞ 18
荷物が軽くなるのは、暗い所と明るい所のどっちかな？

なぞなぞ 19
お湯に入れられて、すぐすてられちゃうバッグってなーんだ？

なぞなぞ 20
古い話ばかりして、はんせいする人が多いちいきってどーこだ？

11ページの答え

なぞなぞ 13 はい色
「はね」の、「ね」が「い」→はい

なぞなぞ 14 羽があるから
「ハ」「ネ」があるから

なぞなぞ 15 外科医
げかい（下界）

さるくん

「おれはお気楽? ちがうアイドル! ならば見よ、この活やく!」陽気なたべっ子どうぶつの「ラップ」たん当。お調子者で、打たれ弱い部分もあるけど、「やる時はやる」かっこいい一面も。

なぞなぞ 21 まん中に「め」をつけると、ひえちゃうどうぶつってなーんだ?

なぞなぞ 22 川の方をむいて食べるのは、イチゴとバナナのどっちかな?

12ページの答え

なぞなぞ 16 かば 「かんばん」になるから

なぞなぞ 17 大もり 大・もり(森)

なぞなぞ 23

アイドルが、あるなしクイズをしているよ。近くにあった古いものってなーんだ？

なぞなぞ 24

ラップの歌手がとく意ながっきってなーんだ？

なぞなぞ 25

おうちにあるロウソクは、何色かな？

13ページの答え

なぞなぞ 18 明るい所
「あ、軽い」＝明るい

なぞなぞ 19 ティーバッグ
ティー・バッグ

なぞなぞ 20 アフリカ
あ、ふりいか（古いか）

うさぎちゃん

SNSが大すきな、今の時代を自由に生きる、たべっ子どうぶつのSNSたん当！どんなピンチもSNSパワーで乗り切っちゃうよ。写真をとる時の決めゼリフは「はい！ピョーズ☆彡！」だよ。

なぞなぞ 26
うさぎをなめたら甘かったよ。何がついているからかな？

なぞなぞ 27
エンジンからぼうを1本ぬいたら、どんなやさいになったかな？

14ページの答え

なぞなぞ 21 さる
「さめる」になるから

なぞなぞ 22 バナナ
皮をむいて食べるから

なぞなぞ 28

スマホポーチから丸を取ったら、スマホを使わなくなったのはなんでかな？

お助けヒント
そのままほうっておくことを「ほうち」と言うよ

なぞなぞ 29

命令ばかりする人が、よく使うのは何色？

なぞなぞ 30

写真をとられる前に、とるものってなーんだ？

15ページの答え

なぞなぞ 23　い戸
「アイドル」の「ア」「ル」なし

なぞなぞ 24　ラッパ
ラッパーだから

なぞなぞ 25　黄色
家・ロウ＝イエロー

ねこちゃん

マイペースでのんびり屋さん。自分の「カワイイ」は持っているけれど、それを出すのはちょっとはずかしい。うさぎちゃんからの「はい！ピョーズ☆彡！」には、いがいと乗り気だったりするよ。

お助けヒント
ねこはえいごで「キャット」だよ

なぞなぞ 31
よく「キャッ」とおどろくどうぶつってなーんだ？

なぞなぞ 32
「ご自由にどうぞ」と、おいてあるおかしは何こかな？

16ページの答え

なぞなぞ 26 さとう
「さ」と「う」がついているから

なぞなぞ 27 ニンジン
「エ」からたてのぼうを1本取ったら「ニ」

なぞなぞ33
ないしょで買ってきた、ねる時にひつようなものってなーんだ？

なぞなぞ34
大家さんのまねっこばかりするどうぶつってなーんだ？

なぞなぞ35
逆立ちしてるかどうか分からないのは、ねこの親と子のどっちかな？

17ページの答え

なぞなぞ28　ほうちするから
スマホ・ホーチ（ほうち）

なぞなぞ29　白
「しろ！」

なぞなぞ30　ポーズ
「はい、ポーズ！」

きりんちゃん

おしとやかで、とってもこわがりなせいかく。たべっ子どうぶつのメンバーといっしょにいることが一番のいやしだよ。足は速いけど、急に止まることは苦手。

なぞなぞ 36

木の下で鈴をならしたら
出てきたどうぶつってなーんだ？

なぞなぞ 37

イカはイカめし、
タイはタイめし。
じゃあ、こわい所に
行くのは何めし？

お助けヒント
こわい場所へ
行く夏の
イベントだよ

18ページの答え

なぞなぞ 31 ねこ
キャッ・ト

なぞなぞ 32 52こ
ごじゅうに→こじゅうに（52）

20

なぞなぞ 38

おうちで、せまくても
大きいと言われる所って
どーこだ？

なぞなぞ 39

夜に高い所から
おじいちゃんが
とんだよ！
何をしているのかな？

なぞなぞ 40

門は門でも、
黄色くてすっぱい
「モン」って
なーんだ？

19ページの答え

33 シーツ
しーっ（ないしょ）

34 おおやまねこ
大家・まねっこ

35 子（こねこ）
逆さにしても「こねこ」

わにくん

バイクも運転する、たべっ子どうぶつのさい年長(?)。発明家の一面を持ち、その数々の発明品はライブにも多く取り入れられており、ライブにはかかせないそんざい。気合いを入れる時はサングラスをかけるよ。

なぞなぞ 41
ワニがよくひっくり返っている場所ってどーこだ？

なぞなぞ 42
王とわかれのあいさつをする時に、乗るものってなーんだ？

20ページの答え

なぞなぞ 36 きりん
木・リン♪

なぞなぞ 37 きもだめし
きもだ・めし

なぞなぞ 43

使うと、グラグラグラッと3回ゆれるファッションアイテムってなーんだ？

なぞなぞ 44

人の倍食べるという人が、乗っているものってなーんだ？

なぞなぞ 45

風見どりの下の方は何色でぬる？

答えは26ページ！

21ページの答え

なぞなぞ 38	なぞなぞ 39	なぞなぞ 40
台所 大・所	バンジージャンプ 晩・じい・ジャンプ	レモン レ・モン

ひよこちゃん

たべっ子どうぶつのさい年少！「ピィ！」のニュアンスで気持ちをひょうげんするよ。のびしろだらけのその力は計り知れない!?

なぞなぞ46 たき火の横で、あたたまっている鳥ってなーんだ？

なぞなぞ47
カラの中にすてられていたおやつってなーんだ？

答えは27ページ！

22ページの答え

なぞなぞ41 にわ
ワニを逆さにするとニワ

なぞなぞ42 オートバイ
王と「バイ！」

たべっ子どうぶつ THE MOVIE なぞなぞ

たべっ子どうぶつたちが
大活やくするえい画、
「たべっ子どうぶつ THE MOVIE」を
テーマにしたなぞなぞだよ！

なぞなぞ 48
お皿がわれた時、ナンバーがへったのはなんでかな？

なぞなぞ 49
工場の人が着ている「さしすせそ服」ってなーんだ？

なぞなぞ 50
相談したら、もらえた「イス」ってなーんだ？

23ページの答え

なぞなぞ 43　サングラス
3（さん）・グラ・ス

なぞなぞ 44　バイク
倍、食う

なぞなぞ 45　緑
かざ・みどり

なぞなぞ 51 聞くだけで、お兄さんが損しちゃうのはどんな歌かな？

なぞなぞ 52 呪文をのばして言う人が、なぞなぞを出したよ。何問出したかな？

なぞなぞ 53 ブルーになったトラが起こしたことって、どんなこと？

なぞなぞ 54 いつもヒーローがいる大きな場所ってどーこだ？

答えは次のページ！

26ページの答え

なぞなぞ 46 ひよこ
火・横

なぞなぞ 47 カステラ
カ・すて・ラ

27

なぞなぞ 55

ひこうきや船を
うごかせる「うし」
ってなーんだ？

なぞなぞ 56

おしろの門に
とまっている
チョウのしゅるいは
なーんだ？

なぞなぞ 57

おしろの塔がかんせいしても、
絵にかいたらいけないのは何日間？

26ページの答え

- なぞなぞ 48　さらわれたから　皿・われた
- なぞなぞ 49　作業服　さ行・服
- なぞなぞ 50　アドバイス　アドバ・イス

なぞなぞ 58

たてに「三」と
書いてあるライオンは
オス？ ナス？

なぞなぞ 59

たたかうために集められた
どうぶつたちは、何頭？

なぞなぞ 60

中にロボが
入っている、
ぬすみをする
悪い人って
だーれだ？

なぞなぞ 61

外国から飛んできた鳥がイスの上に巣を
作ったよ。どこから飛んできた鳥かな？

27ページの答え

なぞなぞ 51	なぞなぞ 52	なぞなぞ 53	なぞなぞ 54
アニソン 兄・損	10問 「じゅもん」をのばすと「じゅうもん」	トラブル トラ・ブルー	広場 ヒーロー・場

なぞなぞ 62
本は本でも、
耳に入れちゃう
「ホン」ってなーんだ？

なぞなぞ 63
とぶのはロケット、
けんはチケット。
じゃあ、おいしい
おかしは何ケット？

なぞなぞ 64
山が2つ見えるのは、
入口と出口の
どっちかな？

なぞなぞ 55	そうじゅうし そうじゅ・うし

なぞなぞ 56　モンシロチョウ
門・しろ・チョウ

なぞなぞ 57　10日間
塔、かかん

教授が出した
宿題は、
いつまでにする？

ササをおねだりするパンダの指に
できちゃったものはなーんだ？

なぞなぞ 67

大きな絵にしたら、
パッと笛が出てくる
スイーツってなーんだ？

なぞなぞ 68　しずかに食べるのは、
何フード？

 なぞなぞ 58　オス
たてがみがあるのはオス

 なぞなぞ 59　1000頭
せんとう＝1000頭

 なぞなぞ 60　どろぼう
ど・ロボ・う

 なぞなぞ 61　スイス
巣・イス

31

なぞなぞ 69

力をぬいて
マカロンを作ったら、
どんな味になったかな？

なぞなぞ 70

2まい食べると、
かってに体が
うごいちゃう
黒い食べものって
なーんだ？

なぞなぞ 71

流れ星を見ると、
かけたくなるもの
ってなーんだ？

30ページの答え

なぞなぞ 62	イヤホン
	イヤ・ホン

なぞなぞ 63	ビスケット
	ビス・ケット

なぞなぞ 64	出口
	「出」という字に山が2つあるね

なぞなぞ 72
音楽が聞こえてくる「ゴール」ってなーんだ？

なぞなぞ 73
キツネがなきながら飲むのは、何スープ？

なぞなぞ 74
コックさんがおりょう理をする時に、自分にかけちゃうものってなーんだ？

なぞなぞ 75
真ん中に小さい「っ」を入れると、ボールをけるお花ってなーんだ？

31ページの答え

なぞなぞ 65 今日中
きょうじゅ・う

なぞなぞ 66 ささくれ
「ササくれ」

なぞなぞ 67 パフェ
「エ」を大きな「エ」にすると、パ・フエ

なぞなぞ 68 シーフード
しずか＝シーッ

なぞなぞ 76
フロの中に9まいも入っていたものってなーんだ？

なぞなぞ 77
どうしても飲みものがひつような「パイ」ってなーんだ？

なぞなぞ 78
ティーパーティーで、お茶の合間にじゃんけんしたら、何を出す？

お助けヒント
お茶はえいごで「ティー」だよ

32ページの答え

なぞなぞ 69 マロン味
マカロン - カ = マロン

なぞなぞ 70 ノリ
ノリノリになるから

なぞなぞ 71 ねがい
流れ星にはねがいをかけるから

なぞなぞ79 オリはオリでも、ケンカした相手とする大切な「オリ」ってなーんだ？

なぞなぞ80
線は線でも、立てたりねったりする「せん」ってなーんだ？

なぞなぞ81
あんごうにかかれている、顔の一部ってどーこだ？

なぞなぞ82 おうちで、いつもきちんとかたづいている所ってどーこだ？

33ページの答え

なぞなぞ72 オルゴール
オル・ゴール

なぞなぞ73 コーンスープ
「コーン」となくから

なぞなぞ74 エプロン
エプロンを着ることをかけるとも言うよ

なぞなぞ75 キク
キ(ッ)ク

35

4つのワタで
できている
おかしってなーんだ?

ねる時に2まい
あると、モフモフ
したくなるもの
ってなーんだ?

なぞなぞ 85

チームにかけたら、
じょう気が出る調味りょう
ってなーんだ?

お助けヒント

じょう気は
えいごで
「スチーム」だよ

34ページの答え

- なぞなぞ 76 ふくろ　フ・9（く）・ロ
- なぞなぞ 77 カンパイ　カン・パイ
- なぞなぞ 78 パー　ティー(茶)・パー・ティー(茶)

なぞなぞ 86
「うううううう雲」←これって何て読む？

なぞなぞ 87
いつもちょっとヤキモチをやいている役者さんは、どんな役が多いかな？

なぞなぞ 88
押しても押しても、ぜんぜん前に進まない乗りものってなーんだ？

なぞなぞ 89
カギがかかったろうやにないのは、何色かな？

35ページのこたえ

なぞなぞ 79	なぞなぞ 80	なぞなぞ 81	なぞなぞ 82
なかなおり なかな・オリ	**さくせん** さくせんを立てる、ねる	**あご** 「あ」ん「ご」う	**キッチン** 「キッチン」とかたづいている

なぞなぞ 90
マイクを持った
ロバが乗っている
バスってなーんだ？

なぞなぞ 91

何もせず「ぶらぶらぶらぶら」
していたら、渡されたかみの毛を
とかすものってなーんだ？

なぞなぞ 92

つうろのと中にがくを
かざったら、どんな道に
なったかな？

36ページの答え

なぞなぞ 83 わたがし
ワタが4（し）

なぞなぞ 84 もうふ
モ（う）フ・モ（う）フ

なぞなぞ 85 す
す・チーム＝スチーム

38

たべっ子
どうぶつたちが
集まるのは、
週に何回かな？

お助けヒント
車を運転する
ことをなんて
言うかな？

なぞなぞ 94
ライブで、どつくと
したくなることってなーんだ？

なぞなぞ 95
急にとんでおどろく乗りもの
ってなーんだ？

37ページの答え

なぞなぞ 86　うろこ雲
「う」・6こ・雲

なぞなぞ 87　ちょい役
ちょい・やく

なぞなぞ 88　エレベーター
押すのはボタンだから

なぞなぞ 89　赤
赤・ない＝開かない

なぞなぞ 96
くいの出ている所で、しんぼうしているのはどんな子かな？

なぞなぞ 97
悪いことをするやつが、わりばしばかり使うのはなんでかな？

なぞなぞ 98
オリの中に入れると、楽しいイベントが始まるのは何の木かな？

38ページの答え

| なぞなぞ 90 | マイクロバス
マイク・ロバ・ス | なぞなぞ 91 | ブラシ
ぶら・4（し） | なぞなぞ 92 | 通学路
つう・がく・ろ |

なぞなぞ99
テキはテキでも、思わずほめてしまう「テキ」ってなーんだ?

なぞなぞ100
短い剣を持って、何をしに出かけたのかな?

なぞなぞ101
ヒツジとヤギの勝負は、とくにいい勝負だと言われるのはなんでかな?

答えは44ページ!

39ページの答え

なぞなぞ93 週5
しゅう・5(こ)・う=集合

なぞなぞ94 ドライブ
「ド」ついたらドライブ

なぞなぞ95 ききゅう
「き、急!」

なぞなぞ 102

テキから逃げたら
カゼをひいたよ。
どんな症状が
出たのかな?

なぞなぞ 103

「がんばれ」とはげます
円は、なに?

なぞなぞ 104

塔の上に
ゆうれいが出たら、
こおっちゃったよ!
なんでかな?

答えは45ページ!

40ページの答え

なぞなぞ 96 くいしんぼう
くい・しんぼう

なぞなぞ 97 わるものだから
割るもの=悪者

なぞなぞ 98 まつ
オ・まつ・リ=おまつり

どうぶつ
なぞなぞ

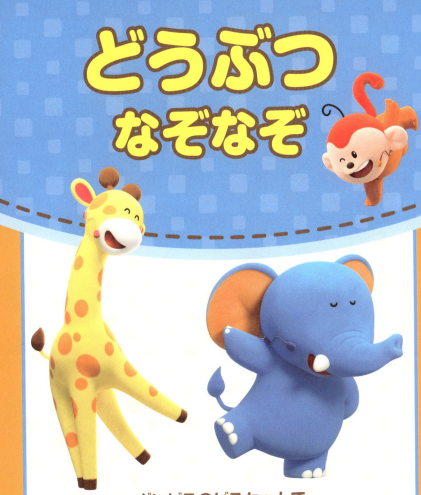

ギンビスのビスケットで
おなじみのどうぶつたちも
登場(とうじょう)するなぞなぞだよ。
知(し)っているどうぶつは出(で)てくるかな？

なぞなぞ 105

巣を「オケ」にしてみたら、よく歌うようになった鳥ってなーんだ？

なぞなぞ 106

もりはもりでも、どうくつでとびまわる「もり」ってなーんだ？

なぞなぞ 107

子うしが木の下で人にへん身したよ。どんな人になったかな？

お助けヒント
身分の高い家の若い男子のことを「き○○し」ってよぶよ

41ページの答え

- なぞなぞ 99　**ステキ**　ス・テキ
- なぞなぞ 100　**探検**　短い剣＝短剣
- なぞなぞ 101　**名勝負だから**　メー（鳴き声）・勝負

なぞなぞ 108

いつもなかよく 2羽でいる鳥って なーんだ？

なぞなぞ 109

前にはいないけど、中心にも、後ろにもいるどうぶつってなーんだ？

なぞなぞ 110

どんなにつかれていても、楽そうに見えるどうぶつってなーんだ？

なぞなぞ 111

よく、シカを見つけるどうぶつってなーんだ？

答えは次のページ！

42ページの答え

なぞなぞ 102 はなたれた / 放たれた（自由になった）

なぞなぞ 103 おうえん / おう・円

なぞなぞ 104 れいとうになるから / 霊・塔

なぞなぞ 112
頭にフタをのせると、
あいまいなことばかり
言うどうぶつって
なーんだ？

なぞなぞ 113
シカが親子でまんざいを
しているよ。親のシカに
入れるツッコミは？

なぞなぞ 114
いつもねぼうして、お昼に
起きる鳥ってなーんだ？

46ページのこたえ

なぞなぞ 105 カラス
「ス→オケ」にすると「カラ・オケ」

なぞなぞ 106 こうもり
こう・もり

なぞなぞ 107 きこうし
木・子うし

なぞなぞ 115

ワシはワシでも、
いつもおすもうさんと
いっしょにいる
ワシってなーんだ？

なぞなぞ 116

ワシが田んぼで見つけた
ものってなーんだ？

なぞなぞ 117

頭に葉っぱをのせて、ハイタッチする
どうぶつってなーんだ？

なぞなぞ 118

なんでも
だんなさんのせいに
しちゃうどうぶつ
ってなーんだ？

45ページの答え

なぞなぞ 108	なぞなぞ 109	なぞなぞ 110	なぞなぞ 111
ニワトリ 2羽・トリ	うし ちゅ・うし・ん　うし・ろ	らくだ 「楽だ」	あしか 「あ、シカ！」

47

なぞなぞ 119
やなぎに かくれている どうぶつって なーんだ？

なぞなぞ 120
ものすごい高音（こうおん）でなく鳥（とり）ってなーんだ？

なぞなぞ 121
なんでも おいしそうに 食（た）べるどうぶつ ってなーんだ？

46ページの答え

なぞなぞ 112　シカ
フタ＋シカ＝不確（ふたし）か

なぞなぞ 113　おやじか！
親（おや）ジカ

なぞなぞ 114　あひる
「あ、昼（ひる）！」

なぞなぞ 122
ホウキでその場を
はいたら、
あらわれたうまは
何色かな？

なぞなぞ 123
道路のあちこちに立っている
「ヒョウ」ってなーんだ？

なぞなぞ 124
金色のヒョウは、
どんなせいかく
かな？

なぞなぞ 125
じゃんけんすると、パーとグーしか
出さないのはどんな犬？

49ページの答え

なぞなぞ 115	なぞなぞ 116	なぞなぞ 117	なぞなぞ 118
まわし ま・ワシ	たわし 田・ワシ	イタチ 葉・イタチ＝ハイタッチ	オットセイ 夫のせい

なぞなぞ 126
コインをいっぱい
ならべたら出てきた
鳥はなーんだ？

なぞなぞ 127
ぜったい引かずに、
押してばかりいる
鳥ってなーんだ？

なぞなぞ 128
2月になるとぜったい
勝負に負けない、水辺の
生きものってなーんだ？

49ページの答え

なぞなぞ 119	なぞなぞ 120	なぞなぞ 121
ヤギ 「や」な「ぎ」	たか 「高っ！」	うま 「うまっ」

なぞなぞ 129
大きいバクと小さいバク、どっちがいっぱいわらうかな？

なぞなぞ 130
せっかく引いたくじをやいてしまう鳥ってなーんだ？

なぞなぞ 131
見とれちゃうと、20日ねないどうぶつってなーんだ？

なぞなぞ 132
銀色のペンでかかれる鳥ってなーんだ？

49ページの答え

なぞなぞ 122 白
はく、場＝白馬

なぞなぞ 123 ひょうしき
ヒョウ・しき

なぞなぞ 124 ひょうきん
ヒョウ・金

なぞなぞ 125 パグ
パー・グー

なぞなぞ 133
ねずみのきちで引く、おみくじの結果は何かな？

なぞなぞ 134
ぼうぐをつけると、サイボーグになっちゃうどうぶつってなーんだ？

なぞなぞ 135
サイがものすごく頭がよくなるのは、何頭集まった時かな？

50ページの答え

なぞなぞ 126 インコ
コインコインコ…インコ

なぞなぞ 127 おしどり
押し・鳥

なぞなぞ 128 カニ
「ニ」が「ツ」になると「カツ」

点々を取ると、進んでいく鳥ってなーんだ？

なぞなぞ 137
ヤギといっしょにいると、「やりすぎ！」とおこられてしまうどうぶつってなーんだ？

なぞなぞ 138
ケーキを見ても、ビスケットを見ても、「パン」と言うどうぶつはなーんだ？

なぞなぞ 139
めちゃくちゃいっぱい買いものをする人が、えらぶどうぶつってなーんだ？

51ページの答え

なぞなぞ 129　小さいバク
バク・小＝ばくしょう

なぞなぞ 130　くじゃく
くじ・やく

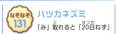
なぞなぞ 131　ハツカネズミ
「み」取れると「20日ねず」

なぞなぞ 132　ぺんぎん
ペン・銀

なぞなぞ 140 トラが、すっごくつかれてしまう乗りものってなーんだ？

なぞなぞ 141 ジェットコースターやかんらん車で、クシャミをするどうぶつってなーんだ？

お助けヒント
遊園地の乗りものを「アトラクション」ってよぶよ

なぞなぞ 142 ワカメの中にいて、びっくりしちゃった生きものはなーんだ？

52ページの答え

なぞなぞ 133 中吉
チュー・きち

なぞなぞ 134 サイ
サイ＋ほうく

なぞなぞ 135 10頭
10（テン）・サイ＝天才

54

なぞなぞ143 よく神様に会うどうぶつってなーんだ？

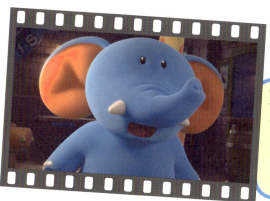

なぞなぞ144 客間にいて、びっくりさせちゃうどうぶつってなーんだ？

なぞなぞ145 曲をきくと、ほっとするクマってどんなクマ？

なぞなぞ146 茶色いワンちゃんが、すきなうつわってなーんだ？

53ページの答え

なぞなぞ136 すずめ　点々を取ると「すすめ」

なぞなぞ137 リス　ヤ・リス・ギ＝やり過ぎ

なぞなぞ138 パンダ　「パンだ」

なぞなぞ139 バク　ばく買い＝「バクがいい」

なぞなぞ 147
まん中をのばすと、トランプのマークになる鳥ってなーんだ？

なぞなぞ 148
山に台風をまきおこすどうぶつってなーんだ？

なぞなぞ 149
ヒツジが9回ないたら来たのは、どんなボートかな？

54ページの答え

なぞなぞ 140 **トラクター**
トラ「クタ〜」

なぞなぞ 141 **トラ**
ア・トラ・クション！

なぞなぞ 142 **カメ**
「わ！ カメ！」

なぞなぞ 150

大声を出しているのは、売っているサイと、買っているサイのどっちかな？

なぞなぞ 151 頭にふくろがついている鳥ってなーんだ？

なぞなぞ 152

ラッコに「貝をわれ」と命れいするやさいってなーんだ？

なぞなぞ 153 いつも、ふらついている鳥ってなーんだ？

55ページの答え

 おおかみ　「おお、神！」

 クマ　客間＝「きゃ！クマ！」

 ホッキョクグマ　ほっ・曲・グマ

 茶わん　茶・ワン

なぞなぞ 154
レンジでパンを
あたためながら、
じーっと見ている
どうぶつってなーんだ？

なぞなぞ 155
台の上で、9巻を
ほしがっている鳥って
なーんだ？

なぞなぞ 156
もんくばっかり
言うどうぶつ
ってなーんだ？

56ページの答え

なぞなぞ 147 はと
ハートになる

なぞなぞ 148 やまあらし
山・嵐

なぞなぞ 149 きゅう命ボート
9（きゅう）・メー・ボート

なぞなぞ 157
体のケガをした所にできる「ぶた」ってなーんだ？

なぞなぞ 158
シカとカモがなかよくなったら、ちがうどうぶつになったよ。
何になったのかな？

なぞなぞ 159
おとまりすると、時間がすぎなくなる鳥ってなーんだ？

51ページの答え

なぞなぞ 150	なぞなぞ 151	なぞなぞ 152	なぞなぞ 153
売っているサイ うる・サイから	フクロウ ふくろ・ウ	カイワレ 貝、われ	フラミンゴ 「ふら」付いている

59

なぞなぞ 160
絵をつけると、
考え出すどうぶつ
ってなーんだ？

なぞなぞ 161
たぬきが
たき火をしながら
食べているのは、
何だんごかな？

なぞなぞ 162
島の中でおどりをまう
どうぶつってなーんだ？

58ページの答え

| なぞなぞ 154 | チンパンジー
チン・パン・じー | なぞなぞ 155 | キュウカンチョウ
「9巻ちょうだい！」 | なぞなぞ 156 | ぶた
ブーブー言うから |

60

なぞなぞ163

注しゃをうつのを
ことわるどうぶつ
ってなーんだ？

なぞなぞ164

木と木の間に「つつ」をおく
鳥ってなーんだ？

なぞなぞ165

いつも、
すべりやすい
所にいる鳥って
なーんだ？

答えは64ページ！

59ページの答え
なぞなぞ157 かさぶた
かさ・ぶた

なぞなぞ158 カモシカ
カモ＋シカ

なぞなぞ159 トキ
時がとまるから

なぞなぞ 166

頭にモモをつけて、木から木へととびうつるどうぶつってなーんだ？

なぞなぞ 167

ひつようなものかどうか、よく考える海の生きものってなーんだ？

なぞなぞ 168

シカがホームセンターで、しょうがなく買ったものってなーんだ？

答えは65ページ！

60ページの答え

- なぞなぞ 160　**カンガルー**　考える＝カンガ「エ」ルー
- なぞなぞ 161　**きびだんご**　「たきび」から「た」をぬくと「きび」
- なぞなぞ 162　**しまうま**　し・まう・ま

食(た)べもの
なぞなぞ

みんなが大(だい)すきなおかしや
おいしそうなフルーツ、
やさいなどがなぞなぞになっているよ。
頭(あたま)を使(つか)ってといてみよう!

なぞなぞ169 カギにくっついちゃったおかしってなーんだ？

お助けヒント カギはえいごで「キー」だよ

なぞなぞ170 食(た)べると、台(だい)をふきたくなる和(わ)がしってなーんだ？

なぞなぞ171 れいぞう庫(こ)をあけると、いつもたおれているものってなーんだ？

61ページの答え

 なぞなぞ163 オランウータン 「おら、うたん」

 なぞなぞ164 キツツキ 木・つつ・木

 なぞなぞ165 つる 「ツルッ」

なぞなぞ 172
絵かきさんが、えがおでかいているおかしってなーんだ？

なぞなぞ 173
もちはもちでも、重いものを持てるのは、何もち？

なぞなぞ 174
小学校の上の方で見つけたやさいはなーんだ？

なぞなぞ 175
ふとんをしいたかどうか、すぐ忘れちゃうきのこってなーんだ？

答えは次のページ！

62ページの答え

なぞなぞ 166	なぞなぞ 167	なぞなぞ 168
モモンガ モモ・ンガ	イルカ 「いるか？」	たな（棚） シカ、棚買った＝仕方なかった

なぞなぞ 176

きぐるみの中に
入っていた
おかしってなーんだ？

なぞなぞ 177

学校でくばられる
食べられない「プリン」
ってなーんだ？

なぞなぞ 178

集合写真をとる時に、
前の方にいる子がする
「ガム」ってなーんだ？

64ページの答え

なぞなぞ 169 クッキー	なぞなぞ 170 大福	なぞなぞ 171 バター
「キー」に「クッ」がついた	台・ふく	「バターッ」

なぞなぞ 179
シカが食べるおせんべいは、どんな形かな？

なぞなぞ 180
かんばんに「しぢづでど」と書いてあるお店は、何屋さん？

なぞなぞ 181
自家せいのおかしの中に見える星ってなーんだ？

なぞなぞ 182
マドがついているやきがしってなーんだ？

65ページの答え

- なぞなぞ 172 **おかき** えかきの「え」が「お」
- なぞなぞ 173 **力もち** 力・もち
- なぞなぞ 174 **ショウガ** しょうが・っこう
- なぞなぞ 175 **シイタケ** 「しいたっけ？」

なぞなぞ 183 小さな戸に、おいてあるのは何ケーキ？

なぞなぞ 184 おとぎ話の最初に出てくる「かし」ってなーんだ？

なぞなぞ 185 カラスが食べると、めまいがしてないちゃうおかしってなーんだ？

お助けヒント：カラスのなき声は「カー」だよ

66ページの答え

なぞなぞ 176	なぞなぞ 177	なぞなぞ 178
グミ き「ぐ」る「み」	プリント プリン・ト	しゃがむ・かがむ しゃ・ガム、か・ガム

なぞなぞ 186 夏におすすめされるおかしってなーんだ？

なぞなぞ 187 「うっふっふ」が「うっしっし」になっちゃうおかしってなーんだ？

なぞなぞ 188 人に対してつめたいのに、愛されるおかしってなーんだ？

なぞなぞ 189 いっぱい食べたくても、ちょっとずつ食べるおかしってなーんだ？

67ページの答え

なぞなぞ 179 四角
シカ、食う

なぞなぞ 180 だがし屋さん
「だ」が「し」

なぞなぞ 181 火星
じ・かせい

なぞなぞ 182 マドレーヌ
マド・レーヌ

なぞなぞ 190
ひらがなの「あ」が
すきな人がよく食べる、
和がしのざいりょうって
なーんだ？

なぞなぞ 191
注意しながら
かむのは、どんな
おかしかな？

なぞなぞ 192
アメの中に数字を入れたら、
たべっ子どうぶつの
えい画がはじまったよ。
入れた数字は何かな？

63ページの答え

なぞなぞ 183 ショートケーキ
小・戸・ケーキ

なぞなぞ 184 昔
む・かし、む・かし

なぞなぞ 185 クラッカー
クラッ・カー

なぞなぞ 193
お店の目玉コーナーで、見つけたおかしってなーんだ？

なぞなぞ 194
たきの中で、いやいや食べたおやつはなーんだ？

なぞなぞ 195
「888」と書いてあるビンに入っている、あまいものってなーんだ？

なぞなぞ 196
レストランで、中ぐらいのぼう子をかぶっている人がいるのはどーこだ？

69ページの答え

なぞなぞ 186　ドーナツ　「どう？　夏」

なぞなぞ 187　ふがし　「ふ」が「し」になる

なぞなぞ 188　アイス　愛す

なぞなぞ 189　チョコ　ちょこちょこ食べる

なぞなぞ 197

なんでも「かしてよ」と言うお店は、何屋さん？

なぞなぞ 198

中に「ワ」を入れると、まい子にならない調味りょうってなーんだ？

お助けヒント
サラダにもかけたりする調味りょうだよ

なぞなぞ 199

封をしないで売っているガムは、何ガムかな？

70ページの答え

なぞなぞ 190	なぞなぞ 191	なぞなぞ 192
あずき「あ」好き	チューインガム 注意・ンガム	2 ア・2（に）・メ

72

なぞなぞ 200
かならず柿がついている、つめたいデザートってなーんだ？

なぞなぞ 201
おいしいビスケットを食べたら、お花はさく？それともさかない？

なぞなぞ 202
人にかしてあげる時に、ちょっとへんなたい度になっちゃう食べものってなーんだ？

なぞなぞ 203
ほして作るほし柿やほしいも。じゃあ、ほすとよくばりになるおすし屋さんにある食べものはなーんだ？

お助けヒント
ショウガが材料のすっぱいものだよ

71ページの答え
なぞなぞ 193 あめ玉 「あ！目玉」
なぞなぞ 194 たいやき た・いや・き
なぞなぞ 195 ハチミツ 「8」が3つ
なぞなぞ 196 ちゅうぼう 中・ぼう

うしが2回、みじかく ないたら出てくる フルーツってなーんだ？

お客さまが来る日に、おもてにおくフルーツってなーんだ？

アスパラガスに色を足したら、すきになったよ。何色かな？

72ページの答え

 おかし屋さん 「おかし！」

 マヨネーズ 迷・わ・ねーず

 フーセンガム 封・せん・ガム

なぞなぞ207

山の一合目で
食べものを
2つ見つけたよ。
ウナと、もう1つは
何かな？

なぞなぞ208

三角や四角じゃなくて、
丸いチーズがすきな
犬ってなーんだ？

なぞなぞ209

せん水かんに
入っている
フルーツって
なーんだ？

なぞなぞ210

ぶし道にふくまれている
フルーツってなーんだ？

73ページの答え

- なぞなぞ200　かき氷　柿・氷
- なぞなぞ201　さく　「サクッ！」
- なぞなぞ202　ごま　ごま・かす
- なぞなぞ203　ガリ　ほし・ガリ

75

なぞなぞ 211
「マスイ」は「イ」、「マウス」は「ウ」にかえちゃうフルーツってなーんだ？

なぞなぞ 212
カゼをひいちゃったのは、何メロン？

なぞなぞ 213
いつも用がないと言われちゃうフルーツってなーんだ？

74ページの答え

- なぞなぞ 204　モモ　モー・モー
- なぞなぞ 205　ナシ　おもて・なし
- なぞなぞ 206　黄色　「アスパラが・す黄」

なぞなぞ 214

レンジを見つけたら
出てきたフルーツって
なーんだ？

お助けヒント
しぼると
ジュースにもなる
フルーツだよ

なぞなぞ 215

指わについている
フルーツって
なーんだ？

なぞなぞ 216

パンはパンでも、
ハロウィンでよく
見るかたい「パン」
ってなーんだ？

75ページの答え

- なぞなぞ 207 **イチゴ** 一合目＝イチゴウメ
- なぞなぞ 208 **マルチーズ** マル・チーズ
- なぞなぞ 209 **スイカ** せん・すいか・ん
- なぞなぞ 210 **ブドウ** ブ（シ）ドウ

なぞなぞ 217
秋（あき）の食（た）べものなのに、夏（なつ）みたいなフルーツってなーんだ？

なぞなぞ 218
い戸（ど）にマメを投（な）げたら、出（で）てきた伝説上（でんせつじょう）の生（い）きものってなーんだ？

お助（たす）けヒント
下半身（かはんしん）が魚（さかな）の形（かたち）をしたかくうの生物（せいぶつ）だよ

なぞなぞ 219
スナにさかさまにうまっているやさいってなーんだ？

76ページの答（こた）え

なぞなぞ 211 マスカット
「マ」「ス」をカットするから

なぞなぞ 212 マスクメロン
「マスク」がついているから

なぞなぞ 213 洋（よう）ナシ
用（よう）・なし

なぞなぞ 220

ウリはウリでも、
勝負に勝った時の
「ウリ」って
なーんだ？

なぞなぞ 221

オウムが列をつくるぐらい、
おいしい食べものってなーんだ？

なぞなぞ 222

なぜか、サイが
はこうとした
やさいって
なーんだ？

77ページの答え

- なぞなぞ 214 オレンジ 「お、レンジ！」
- なぞなぞ 215 ビワ ゆ・ビワ
- なぞなぞ 216 パンプキン パン・プキン

たべっ子どうぶつ なぞなぞブック

2025年4月30日　初版発行

監修	劇場版「たべっ子どうぶつ」製作委員会
3Dイラスト監修	マーザ・アニメーションプラネット株式会社
描きおこしイラスト制作	もる
なぞなぞ制作	こんのゆみ
編集協力	株式会社エストール
発行者	山下直久
発行	株式会社KADOKAWA
	〒102-8177　東京都千代田区富士見2-13-3
	0570-002-301（ナビダイヤル）
印刷・製本	株式会社DNP出版プロダクツ

©ギンビス ©劇場版「たべっ子どうぶつ」製作委員会
Printed in Japan
ISBN 978-4-04-916340-7　C8076

本書の無断複製（コピー、スキャン、デジタル化等）並びに無断複製物の譲渡および配信は、著作権法上での例外を除き禁じられています。
また、本書を代行業者等の第三者に依頼して複製する行為は、たとえ個人や家庭内での利用であっても一切認められておりません。
定価はカバーに表示してあります。

●お問い合わせ
https://www.kadokawa.co.jp/（「お問い合わせ」へお進みください）
※内容によっては、お答えできない場合があります。
※サポートは日本国内のみとさせていただきます。
※Japanese text only

  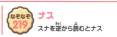